Georg Wenker, Ferdinand Wrede

Herrn Bremers Kritik des Sprachatlas

Georg Wenker, Ferdinand Wrede

Herrn Bremers Kritik des Sprachatlas

ISBN/EAN: 9783744607216

Hergestellt in Europa, USA, Kanada, Australien, Japan

Cover: Foto ©ninafisch / pixelio.de

Weitere Bücher finden Sie auf **www.hansebooks.com**

DER SPRACHATLAS DES DEUTSCHEN REICHS.

DICHTUNG UND WAHRHEIT.

I. G. Wenker: HERRN BREMERS KRITIK DES SPRACHATLAS.

II. F. Wrede: ÜBER RICHTIGE INTERPRETATION DER SPRACHATLAS-KARTEN.

MARBURG.
N. G. ELWERT'SCHE VERLAGSBUCHHANDLUNG.
1895.

DER SPRACHATLAS DES DEUTSCHEN REICHS.

DICHTUNG UND WAHRHEIT.

I. G. WENKER: HERRN BREMERS KRITIK DES SPRACHATLAS.

II. F. WREDE: ÜBER RICHTIGE INTERPRETATION DER SPRACHATLAS-KARTEN.

MARBURG.
N. G. ELWERT'SCHE VERLAGSBUCHHANDLUNG.
1895.

I.

Herrn Bremers Kritik des Sprachatlas.

Von

G. Wenker.

Unter dem Titel

> Beiträge zur Geographie der deutschen Mundarten in Form einer Kritik von Wenkers Sprachatlas des Deutschen Reichs

erschien soeben von O. Bremer der III. Bd. der von ihm herausgegebenen Sammlung kurzer Grammatiken deutscher Mundarten. Das Buch ist, nach Vorrede S. VI, die Begründung des von Br. reichlich zwei Jahre früher über den Sprachatlas geäußerten absprechenden Urteils, durch das er Herrn Dr. Wrede und Herrn Prof. Schröder zu einer energischen Abwehr veranlasst hatte. Ersterer schrieb damals im Anzeiger für deutsches Altertum XIX S. 346: »ich denke, diese Art, in einer hingeworfenen Anmerkung ohne concretes Beispiel und unter Berufung auf anonyme Gelehrte das mühselige Lebenswerk eines Mannes zu verdächtigen, dem die germanistische Wissenschaft immerdar verpflichtet sein wird, richtet sich hinreichend von selbst. Mit Herrn Dr. Bremer bleibt jede Discussion für uns ausgeschlossen, bis er seine Verdächtigungen durch positive Zeugnisse oder Belege zu erhärten versucht hat...« Ebendort in einer Fußnote bemerkte Prof. Edward Schröder: »... wenn nun ein jüngerer Gelehrter ... die peinliche Entdeckung gemacht zu haben glaubt, dass die wichtigsten Ergebnisse der Wenkerschen Karten, dass 'die Linien zum großen Teil nicht zuverlässig sind', so hatte er gegenüber der Wissenschaft und der guten Sitte die unbedingte Pflicht, sich über die Tragweite wie über die tatsächlichen Unterlagen eines so schweren Vorwurfs jede mögliche Klarheit zu verschaffen, und er darf sich jedenfalls nicht hinter eine ungenannte 'Reihe von Gelehrten' verstecken. Wir verlangen dringend, diese Gelehrten und vor allem ihre Anklagen kennen zu lernen.« Ganz ähnlich äußerte sich Herr Prof. Behaghel im Litteraturblatt f. germ. u. rom. Philologie 1894, Sp. 220. Leider lässt Br. die 'Reihe von Gelehrten' vollständig in ihrem mystischen Dunkel verharren, wir erfahren weder ihre Namen noch ihre Einwendungen, Br. sagt vielmehr jetzt: »ich selbst trete allein für meine Behauptung ein«. Wenn er auf so leichte Weise die ihm gemachten schweren Vorwürfe erledigt zu haben meint, so mag uns das recht sein — die Sache an sich bedarf den Lesern gegenüber keines weiteren Commentars!

Indem wir also mit Br. allein die Discussion eröffnen, müssen wir gleich beim Beginn es aufs lebhafteste bedauern, dass er das schon im Frühjahr 1895 erschienene Werk von Hermann Fischer, 'Geographie der schwäbischen Mundart, mit einem Atlas von achtundzwanzig Karten. Tübingen 1895', nicht mehr benutzt hat, — die Vorrede des Herbst 1895 ausgegebenen Br.'schen Buches ist nämlich datiert: Stralsund, 1894! — — Vielleicht hätten die Erfahrungen dieses Gelehrten ihn über seine eigenen Erfahrungen und die jener Reihe von anonymen Gelehrten doch stutzig gemacht, und er hätte sich der scharfen Abfertigung nicht auszusetzen brauchen, die ihm nun nicht erspart bleiben darf.

Beginnen wir mit den von Br. aus den Berliner Cartons des Sprachatlas »genau« (S. 178) nachgezeichneten 11 Textkärtchen: nicht weniger als drei von diesen enthalten grobe Fehler!

S. 206 hat Br. die östliche Grenze des *geis*-Gebietes bei Marburg (Blatt '*Gänse*') östlich von dieser Stadt verlegt: sie läuft auf der Atlaskarte westlich von Marburg und schneidet die Lahn oberhalb und unterhalb der Stadt.

S. 178 hat Br. die auf der Berliner Karte für '*Wein*' nicht mit Namen versehenen Ortspunkte nur zum Teil richtig identificiert: seine Schlussfolgerungen aus dem dadurch verschobenen Kartenbilde entsprechen natürlich nun nicht mehr dem Tatbestande der Atlaskarte und werden somit hinfällig.

S. 86 hat Br. in seine Copie der Berliner Karte '*Gänse*' südlich von Olpe *goos* eingezeichnet und baut auf dieses *goos* S. 112 folgendes luftige Gebäude auf: »Ich kann mich des Verdachtes nicht erwehren, dass diese Form um 7 Meilen weiter nach Norden reiche,« weil nämlich »H u m p e r t neben *gäüse* auch *gåse* für das sauerländische Hönnethal anführt«, und dieser »Verdacht« wird dann, wie der Leser selber nachsehen möge, weitläufig ausgesponnen. Der Sprachatlas aber kennt das von Br. eingezeichnete *goos* bei Olpe gar nicht; in dem fraglichen Gebietchen steht vielmehr *göes*, ebenso in der auf dem Kartenblatt befindlichen Zeichenerklärung und auf S. 10 des der Berliner Karte beigegebenen Textheftchens!

Müssen solche Ungenauigkeiten in den der Kritik des Sprachatlas zu Grunde gelegten Textkärtchen schon aufs höchste befremden, — und das um so mehr, als die Leser des Br.'schen Buches gar nicht in der Lage sind, die Sprachatlaskarten zur Nachprüfung heranzuziehen — so werden sie noch bei weitem überboten durch die geradezu unbegreiflichen fehlerhaften Angaben aus dem Sprachatlas, die Br. an zahlreichen Stellen seines Buches zu Tage fördert.

S. 69 steht zu lesen: »Auch im Hildesheimschen ist nicht alles in Ordnung [nämlich bei '*Gänse*']. Für die inmitten des *goise*-Gebietes gelegene Stadt Hildesheim giebt J. M ü l l e r ... *jēse* an, eine Form, die auf monophthongisches *jöse* zurückweist...« Nun knüpft Br. hieran ein zwei Seiten langes Raisonnement über die wichtige Frage nach der Natur des Vokals in nd. *gōse*, die er mit dem Satze schließt: »So lange nicht der

Widerspruch zwischen Müller und dem Sprachatlas aufgeklärt ist, wissen wir nicht woran wir sind.« Dieser Widerspruch besteht überhaupt nicht! Hildesheim und das westlich dicht dabeiliegende Moritzberg haben auf der Sprachatlaskarte *gōse* inmitten des ringsum herrschenden *gäuse, goise*! Br. hat also erstens nicht richtig gelesen, was auf der Karte steht, und zweitens eine Angabe Müllers von der Stadt Hildesheim auf die ganze Umgebung verallgemeinert. — Bei solchen Leistungen wissen wir in der Tat nicht, woran wir mit Br. sind! Er hätte nach dem Sprachatlas sehr einfach jene ganze Frage entscheiden können.

S. 89: »Harsleben ...' spricht nach Damköhler noch *gäuse*, nach dem Sprachatlas (wenn meine Nachzeichnung genau genug ist) schon *gänse*.« Leider ist sie nicht genau genug, Herr Br.! Denn Harsleben hat auch nach dem Sprachatlas noch *gäuse* und liegt richtig, wie D. sagt, unmittelbar an der Grenze des *gänse*-Gebietes! Es scheint wirklich äußerst schwierig zu sein, die Sprachatlaskarten »genau« zu lesen!

S. 67: »Das nördliche und östliche Münsterland spricht nach dem Sprachatlas *gais(e)*, das westliche (westlich von Münster) *geis(e)*« liest Br. aus der Karte 'Gänse' heraus: indessen im Westen sind wie im Norden und Osten so zahlreiche *guis(e)* neben den *geis(e)* vorhanden, dass der Diphthong unmöglich als -*ei*- aufgefasst werden darf. Was aber der Westen Besonderes hat, nämlich die Schreibung *äu, eu, öü*, die hier in mehr als einem Dutzend Orte auftaucht, das hat Br. übersehen, obwohl es doch eine vortreffliche Bestätigung des bei ihm nach Kaumann angeführten Sachverhaltes bietet! In der Tat wiederum ein sehr — sonderbares Verfahren!

S. 68: »Über das engrische *gǟse*, welches von der oberen Lippe ... bis zum Harz reicht, bin ich nicht unterrichtet. Ich sehe aber, dass die Grenzlinien des Sprachatlas unhaltbar sind.« Ich muss gestehen, ich war baff bei diesem Satze! Ich habe dann den Abschnitt mehrmals durchgelesen und die Karte zu Rate gezogen, und siehe da, die Sache ward mir auf einmal klar und zwar in folgender überraschender Weise. S. 68 unten schreibt Br.: »Gänzlich misslungen ist die Abgrenzung von *gäse* östlich der Weser. Denn innerhalb des ganzen Gebietes wird sowohl *gäse* wie *goise* geschrieben, so dass die Grenzlinie gegen das Hildesheimische *goise* nur das Gebiet abtrennt, innerhalb dessen a u c h *gäse* geschrieben wird.« Ist es zu glauben?! Br. hat das Zeichen für *ö*, mit dem östlich der Weser sehr zahlreiche Orte des *gäse*-Gebietes bezeichnet sind, für *oi* angesehen, daraus die allerdings wunderbare Mischung *gäse — goise* abgeleitet und nun seiner Verwunderung und Entrüstung freien Lauf gelassen! Ich verzichte darauf, letzteres hier meinerseits auch zu tun. Die Tatsache spricht für sich deutlich genug. War Herrn Br. die Entzifferung unserer diakritischen Zeichen zu unbequem, warum zog er dann das erläuternde Textheft nicht zu Rate? Er hätte dort auf S. 10 f. lesen können: »die östliche Hälfte (des *gās*-Gebietes) dagegen zeigt neben *gās* zahlreiche *gōs*, einzelne *gäus*, *göis* nnd *güis*.« — *gois* kommt tatsächlich in dem fraglichen Gebiete a u c h n i c h t ein e i n z i g e s M a l vor!¹) —

S. 108 sagt Br.: »Mülheim (a. d. R.) nebst nächster Umgebung (excl. Duisburg) und die südlich und südöstlich sich anschließende Bergische Landschaft spricht nach dem Sprachatlas *gäus* bez. *gäuse*.« Dann leitet er hieraus einen Widerspruch her zwischen dem Sprachatlas und Maurmann, der dort *gaus*- verlangt. Und was hat der Sprachatlas in W i r k l i c h k e i t ? Er zeigt unmittelbar bei Mülheim a. d. R. ein

---

1) Dasselbe »*gäse* neben *goise*« wird S. 184 nochmals produciert und richtet auch hier wie begreiflich nur Unheil an.

blau-coloriertes *gaus*-Gebiet mit 8 Ortschaften, das sich von dem braun-colorierten südlichen *gäus*-Gebiet deutlich abhebt. Auch im Textheft ist S. 18 dieses *gaus*-Gebiet bei Mülheim ausdrücklich erwähnt! — Und dennoch, lieber Leser, hat Herr Br. nach Vorrede S. VII diese Karten »genauer studiert«! Als höchst charakteristisch für Br.'s Methode der Kritik kann dem Leser auch die S. 73 und 74 zu findende Besprechung der Endung von '*Gänse*' zur Lektüre empfohlen werden. Man muss so etwas wirklich gelesen haben, um an seine Existenzmöglichkeit glauben zu können!

S. 180 ff. kritisiert Br. die westfälisch-engrischen Diphthonge im Sprachatlas und führt zahlreiche Belege aus der Dialektlitteratur zu seinen Gunsten an. Da heißt es denn S. 181 nach Frommann: »In Iserlohn wird es [das alte $\bar{\imath}$] häufig durch *ui* ... ersetzt. Also das Soester *ui* des Sprachatlas reicht«, so will uns Herr Br. corrigieren, »zum Teil westwärts bis zur Diphthongierungsgrenze überhaupt«. Eine höchst überflüssige Correctur. Br. hat wieder nicht genau genug zugesehen, denn es haben bei uns auf der Karte '*Eis*' zwei Dörfer dicht nördlich bei Iserlohn, also an der Westgrenze des Diphthongierungsgebietes, *ois* und auf der Karte '*Wein*' schließt sich an diese zwei Orte (mit *woin*) einer mit *wuin* nordwestlich von Menden an, und nördlich der Ruhr, südöstlich von Unna, folgt noch ein zweiter Ort mit *wuin*. Zwischen genannten vier Orten und der Westgrenze des Gebietes liegen nur zwei Dörfer mit *weyn* und *wöin*.

S. 182: »Holthausen ... lehrt für Soest *ui* in Übereinstimmung mit dem Sprachatlas. Aber ... in dem Dorfe Hovestadt an der Lippe ist $w\check{e}$ [zwichen $\ddot{a}i$ und $\ddot{o}i$] statt *ui* Vertreter des alten $\bar{\imath}$....« Nun hat zwar dieses Hovestadt, wie Br. richtig angibt, im Sprachatlas *ui*, allein bei genauerem Zusehen hätte Br. finden müssen, dass Lippborg, eine Stunde abwärts an der Lippe, ōis hat; das Formular von Lippborg ist übersetzt von dem dort geborenen Lehrer und schreibt überall ōi (bōitet, dröiwen, glōik, mōine, döine etc.) für i. Ferner hätte Br. sehen müssen, dass Oestinghausen, 20 Minuten südwestlich von Hovestadt, euis hat. Auch in Oestinghausen hat der ortseingeborene Lehrer übersetzt, er schreibt euis, sonst aber in allen ī-Wörtern ui. Es ist also sehr wohl möglich, dass auch in Hovestadt in einzelnen ī-Wörtern öi oder eui statt ui erscheint, dass also nur zufällig die im Atlas belegten Wörter zur ui-Klasse gehören.

Weiter heißt es S. 182: »Hoffmann sagt ... as. ī wird im Lippischen durch zwei Diphthonge vertreten.... Dieselben haben verschiedene Gebiete inne, im Westen von Detmold (Heidenoldendorf, Pivitsheide, Lage etc.) in der Richtung nach Bielefeld hin wird ūi gesprochen, im Osten und Süden, in der Richtung nach Steinheim hin, hört man ǖu. Der Sprachatlas« — so fährt nun Br. fort — »zeigt hier (neben üi) dasselbe ui wie im Soester Gebiet.« Wir müssen wiederum constatieren, dass Br. nur sehr oberflächlich die Karten eingesehen hat. Der Sprachatlas hat bei 'Eis' wie bei 'Wein' von Detmold nach Bielefeld hin ganz überwiegend ui, von Detmold nach Steinheim hin dagegen nicht bloß zahlreiche üi, wie Br. angibt, sondern auch üu, üe, ü, ōu, öe, ō, die zur Genüge den andern Charakter des östlichen Diphthonges dartun. Wenn es Herrn Br. zu mühsam ist, die einzelnen diakritischen Vokalzeichen bei den verschiedenen Ortspunkten mit Hülfe der Zeichenerklärung genauer zu studieren, so mag er überhaupt von den Karten wegbleiben. Wir haben wahrlich nicht all diese Hunderte von »Fähnchen, Häkchen« etc. mühsam mit aller Sorgfalt eingezeichnet, damit er nachher sie einfach ignoriere und uns dann »Fehler des Sprachatlas« vordemonstriere, die lediglich seine eigenen Lesefehler sind!

Doch weiter! Auf S. 182 unten heißt es: »Östlich der Weser ist in dem Sprachatlas *ei* die herschende Schreibung.« Das ist in doppelter Hinsicht gänzlich falsch. Erstens muss es nicht *ei* sondern *eï* heißen, wie die Karte, die Farbenerklärung und das Textheft übereinstimmend lehren, dann aber ist der Ausdruck »herschende Schreibung« nach den Atlaskarten durchaus unzutreffend und führt den Leser, der ja diese Karten nicht selber einsehen kann, notwendig irre. Er erweckt die Vorstellung, als ob der überwiegende Teil der ca. 500 Orte dieses Gebietes *eï* geschrieben hätte, während doch ein Blick auf die Atlaskarten '*Wein*' oder '*Eis*' genügt hätte, um Herrn Br. zu belehren, dass gerade hier die »Fähnchen und Häkchen« so überaus zahlreich sind, dass von einer »herschenden Schreibung« überhaupt dort keine Rede sein kann. Unter diesen ca. 500 Orten sind bei '*Eis*' z. B. nur rund 140 Orte, die *eïs*, und rund 360, die anders schreiben. Nur darum, weil *eï* die einzige Schreibung ist, die dort zerstreut das ganze Gebiet durchsetzt, ist sie als Gesamtbezeichnung auf der Karte eingetragen worden. Dass dem so ist, hätte Br. schon aus dem Textheft zu '*Eis*' ersehen können, wo es wörtlich auf S. 10 heißt: »weiter nach Osten aber (nämlich vom Ravensberger *ui*-Gebiet) hört jede Möglichkeit auf, die bunten Schreibungen *eï, ei, äi, ai, öi, üi, eui, öe, öu* und dazwischen wieder *ī, ie, y, ē, ö* zu vereinigen« — aber die ausdrücklich zur Erläuterung der Karten geschriebenen Texthefte scheinen für Br. nicht vorhanden gewesen zu sein! Er macht sich aus den Karten mit unbegreiflicher Flüchtigkeit seinen eigenen Atlas zurecht und kann dann freilich vortrefflich gegen unseren Atlas polemisieren!

Br. fährt S. 182 fort: »Für Hildesheim giebt Müller *ei* oder *eu* an« — und der Sprachatlas? Hildesheim hat *ois* und *woin* und dicht dabei finden sich *eui, eu, öi, öe*: stimmt das etwa nicht zu Müllers Angabe? — »In Berel (zwischen

Hildesheim und Braunschweig) spricht man, wie ich selbst gehört habe, *ei* [bühnendeutsches *ei*, nicht *ẹ̄*, nicht *ai*] — der Atlas hat für Berel *eis* und *wein*: stimmt das etwa auch nicht hierzu? — »Für Wolfshagen (am Nordwestrand des Harzes) verzeichnet Damköhler ... *ēi*« — im Atlas hat Wolfshagen *äis* und *wäin*: stimmt also wiederum aufs beste, Herr Br.! — »Derselbe [Damköhler] sagt ...: *cī* findet sich im östlichen Teile des Diphthongierungsgebietes, z. B. in „Lochtum, Abbenrode, Denkte, Wolfshagen, Langelsheim. *eu-i* um Hildesheim. *u-i*, eigentlich ein Mittellaut zwischen *ô-i* und *û-i*, bei Lutter am Barenberge, in der ganzen Umgegend von Gandersheim und in der Nähe von Osnabrück, in Borgholzhausen, wie ich selbst gehört habe".« Sehen wir einzeln zu, was der Atlas hat. Lochtum *ēis*, *wein*: stimmt also vortrefflich! Abbenrode *īs*, *wīn*: stimmt also nicht! Doch gemach, das Formular hat *beitet* für *beissen*! Abbenrode, der äußerste Grenzort des Diphthongierungsgebietes, hat also, wie es scheint, *ī* und *ei* je nach den Wörtern, jedenfalls hat das Formular *ei*, stimmt also ebenfalls zu Damköhlers Angabe. Gr. Denkte hat *īs*, aber *wein*, auch sonst im Formulare überwiegend *ēi*: stimmt also wiederum durchaus. Kl. Denkte hat *ais* aber *wein* und sonst durchweg *ēi*: stimmt mithin gleichfalls. Wolfshagen *äis* und *wäin*, wie schon gesagt: stimmt also auch wieder zu Damköhler. Langelsheim *ais*, *wain*, das Formular schreibt durchweg *ai*, setzt aber häufig darüber einen Bogen [$\widehat{ai}$], es ist also wohl nicht breites *ai* gemeint, sondern eine schnelle Verschleifung beider Vokale; eine Doublette aus Langelsheim wechselt zwischen *ei* und *ai* — es muss doch wohl etwas an dem *ai* daran sein, da es in zwei von einander unabhängigen Übersetzungen erscheint: jedenfalls ist die Abweichung von Damköhler unbedeutend.

»*eu-i* um Hildesheim«: hier hat der Atlas zwei *euis* dicht bei Hildesheim, außerdem aber ebendort zahlreiche ōis, wöin, daneben seltener ōes, wöen, ois, woin, eus, weun, ös, wön: verlangt Herr Br. etwa eine noch glänzendere Übereinstimmung zwischen Damköhler und dem Sprachatlas?

»u-i, eigentlich ein Mittellaut zwischen ô-i und û-i, bei Lutter am Barenberge« — hier stimmt der Atlas nicht zu Damköhlers Angabe, bei Lutter a. B. ist nur eï etc. und ī, ie zu finden: ich kann bei der schönen Übereinstimmung, die sich bisher zwischen den Angaben D.'s und dem Atlas zeigte, nicht gut annehmen, dass nun gerade um Lutter a. B. herum unsere sämtlichen Gewährsmänner übereinstimmend unfähig gewesen wären, ein ui oder oi von eï, ei, äi zu unterscheiden.

»ui, oi in der ganzen Umgegend von Gandersheim« — hier stimmt der Atlas wiederum aufs beste: etwa eine Stunde nö., ö. und s. von Gandersheim findet sich oi zerstreut vor, während unmittelbar bei Gandersheim eï, ei, ai geschrieben wird; etwas weiter nach S. und SW. treten solche oi sogar noch häufiger auf, vielleicht hat auch diese D. mitgerechnet.

»ui in der Nähe von Osnabrück, in Borgholzhausen« — Borgholzhausen selbst hat im Atlas Monophthonge, es liegt aber so dicht an der ui-Grenze (der nächste Ort Barnhausen ist eine halbe Stunde entfernt und hat durchaus ui), dass es wohl denkbar ist, dass D. in der Stadt selber diesen Diphthong in einzelnen Wörtern gehört hat.

Endlich S. 183: »Heibey bezeichnet den Diphthong ... in Börssum ... durch eï ...« — der Sprachatlas hat äis und weïn: stimmt also durchaus auch zu dieser Angabe.

Nun fährt auf Grund seiner ungenauen Lesung der Einzelheiten im Sprachatlas Br. unentwegt S. 183 also fort: »Man erkennt aus diesen Proben [sic!], dass die Abgrenzung der beiden ui-Gebiete dem Sprachatlas vollständig misslungen ist,« und recapituliert mit »erstens« bis »fünftens« seine Einwendungen nochmals. Was bleibt aber von diesen fünf Einwendungen in Wirklichkeit bestehen? Nur die erste, nämlich — dass der Sprachatlas nicht im Stande gewesen ist, *ui* um Soest und *ūi* im Lippischen und Ravensbergischen zu unterscheiden! So beliebt Herr Br. Kritik des Sprachatlas zu treiben.

S. 23 eine Probe anderer Art. Br. führt nach Bauerfeind die Wichtigkeit von westfälischen und fränkischen Doppelformen in den östlichen und westlichen Teilen Barmens an und fährt dann in seiner kurz absprechenden Art also fort: »Auf dem Sprachatlas kann [sic!] Barmen naturgemäß nur einheitlich vertreten sein. Wie viele Inkonsequenzen mögen für diesen dialektisch so wichtigen Grenzort die Folge sein! Genügen nicht diese Beispiele allein, um zu behaupten, wir dürfen gar nichts darauf geben, ob die Linien des Sprachatlas unmittelbar östlich oder westlich an Barmen vorbeilaufen?« Wenn doch Herr Br., statt sich so unnütz aufzuregen, mit seinen Behauptungen ein wenig vorsichtiger sein wollte! Ein einziger Blick auf unsere Karte würde ihm klar gemacht haben, dass Barmen bei uns durch nicht weniger als neun — sage neun! Ortspunkte vertreten ist! Es sind dies: Unterbarmen (2 Formulare), Barmen (8 Formulare), Wupperfeld, Wichlinghausen, Lichtenplatz, Heidt, Gemarke (2 Formulare), Heckinghausen (2 Formulare) und Rittershausen. Genügt nicht, so fragen vielmehr wir, dieses Beispiel allein, um zu behaupten, solche pathetischen Äußerungen Br.'s sind nur mit größter Vorsicht aufzunehmen und bedürfen in jedem einzelnen Falle sorgfältiger Nachprüfung?

S. 58 steht bei Br.: »In dem Sprachatlas sind abweichend von Stier zum monophthongischen Gebiet gerechnet die Ortschaften Apollensdorf, Nudersdorf, Dobien und Euper, zum diphthongischen Leeza .... Jessen.« ... »Von den ersteren nennt Stier S. 15 Apollensdorf und Dobien ausdrücklich unter den

Ortschaften, für die er die diphthongische Aussprache „mit Sicherheit" anzugeben vermag. Hier scheint ein wirklicher Fehler des Sprachatlas vorzuliegen.« — Durchaus nicht, Herr Br., denn auch diese Behauptung ist einfach unwahr! Beide Karten des Sprachatlas ('*Wein*' und '*Eis*') stimmen vielmehr mit jenen Angaben Stiers aufs genaueste überein! Wie Br. zu seiner Behauptung kommen konnte, ist uns gänzlich unerfindlich. Wenn er »wirkliche« Fehler im Sprachatlas nachweisen will, so kann man doch vor allem von ihm fordern, dass er die Karten richtig liest und sich genau überzeugt, welche Orte rechts, welche links von der Grenzlinie liegen!

S. 66: »... dagegen hat am Deister [nach Angabe eines Br.'schen Gewährsmannes] ... *wīn* die Form *wäin* ...« »Also«, so fährt Br. nun fort, »am Deister, der nach dem Sprachatlas dem monophthongischen Gebiet angehört, doch diphthongisches *wäin*.« Abermals unwahr, Herr Br.!, am Deister bietet der Sprachatlas ringsherum *wēīn, ween, wiein, weien* etc. in etwa einem Dutzend Ortschaften! Wir bedauern aufs tiefste eine derartige Behandlung unserer Karten durch einen Mann, der als Vertreter der deutschen Dialektforschung gilt und dem jeder Leser ohne Zweifel mit dem Vertrauen entgegenkommt, dass er mit der peinlichsten Genauigkeit die Tatsachen auf den Karten aufgefasst haben müsse. Wir wissen angesichts solcher gehäuften unverzeihlichen Flüchtigkeiten in der Tat nicht, ob unsere Verblüfftheit oder unsere Entrüstung größer ist!

Doch ich glaube dem Leser genügend an einzelnen Beispielen vorgeführt zu haben, wie Herr Br. den Tatsachen, die auf unseren Karten sorgfältig verzeichnet sind, gerecht wird. Nach solchen geradezu unbegreiflichen Leistungen kann man wohl mit Fug und Recht Herrn Br. die Fähigkeit, die Karten des Sprachatlas richtig aufzufassen, rundweg absprechen.

Was dann noch auf seine sogenannte Kritik des Atlas, soweit sie die Tatsachen betrifft, zu geben ist, überlasse ich dem Urteil der Leser. Mehr als ein Achselzucken verdient sie schwerlich.

Auch die Technik unserer Darstellungsweise muss sich hier und da eine kritische Beleuchtung von Br. gefallen lassen. S. 11 und 12 bespricht er z. B. die Behandlung der Ausnahmen, die ein Gebiet enthält, und sagt S. 12: »Ich halte es für unbedingt erforderlich, dass in allen Fällen ... jede einzelne derartige Abweichung durch die ja überall vorhandene Farbengebung gekennzeichnet werde.... Und wenn ein solches Bild stellenweise auch wie ein Tuschkasten aussehen sollte, es ist doch klarer und übersichtlicher, als wenn es durch die eine, so viele Ausnahmen umrahmende Normalfarbe gewissermaßen verschleiert wird. Wir verlangen das Bild zu sehen, wie es ist, und zeigt es ein Gesicht mit Sommersprossen, so wollen wir auch diese nicht verhüllt sehen.« Nun, hätte Herr Br., der ja nach Vorwort S. VII unsere 'ich'-Karte in Berlin eingesehen hat, nur auch die zusammen mit dieser in Berlin eingetroffenen Karten *bald*, *Felde*, *Bett*, *Brot*, *groß*, *müde*, *sitzen*, *tot*, *Bruder*, *heiß*, *machen*, *Schnee*, *zwei* sich angesehen, so würde er gefunden haben, dass diese alle nach seinem Tuschkasten- oder Sommersprossensystem ausgearbeitet sind, dass er also jetzt mit diesem seinem dankenswerten Vorschlage leider um vier Jahre zu spät kommt. Wir waren eben schon 1891 zu der Einsicht gekommen, dass sich unser für die aus begreiflichen Gründen ausgewählten leichten Anfangswörter genügendes System bei den dann folgenden schwierigeren Wörtern nicht mehr gut durchführen ließ, und wählten von da an eine andere Darstellungsart, der wir bis heute haben treu bleiben können.

Wenn aber Br. S. 234 vorschlägt, »dass z. B. die Blätter 1) *auf*, 2) *gleich*, *eis*, *feuer*, *zeiten*, *bleib*, *beißen* ..... zu einer

Diphthongierungs-Karte verarbeitet werden sollten« (im Ganzen 36 Wörter!), so müssen wir doch diesen Vorschlag als ganz und gar unausführbar dankend ablehnen. Herr Br. warte nur all diese Einzelkarten erst ab, dann wird er selber seinen Vorschlag ganz anders ansehen als jetzt. — Dasselbe gilt von den weiteren dort folgenden Vorschlägen zu umfassenden Lautkarten: Br. unterschätzt vollständig die fast bei jedem einzelnen Wort eintretenden unerwarteten Besonderheiten, die in der Tat oft so verblüffend sind, dass selbst wir, trotz jahrelanger Gewöhnung an solche Überraschungen, zuweilen ratlos davor stehn.

Wichtiger als derlei technische Einwendungen und Ratschläge sind die oft sehr umständlichen Auseinandersetzungen Br.'s, in denen sich seine Grundanschauungen über Entstehung, Fortentwicklung, Verfall unserer Mundarten wiederspiegeln. Diese Grundanschauungen stehen ihm ein für alle mal fest und verleiten ihn an zahlreichen Stellen des Buches zu ungerechter Beurteilung der im Sprachatlas dargestellten Erscheinungen. Ein charakteristisches Beispiel hierfür ist die Art, wie er die Nordgrenze der mittel- und oberdeutschen Diphthongierung *ei* aus *ī* kritisch beleuchtet (S. 47 ff.).

Nach seiner Grundanschauung ist dieser Diphthong im Wandern begriffen — folglich muss überall, oder fast überall, ein Grenzgürtel existieren, wo jüngeres *ei* neben älterem *ī* vorkommt; der Atlas kann daher nichts Zuverlässiges bringen. Man muss dies ganze Capitel lesen, um Br.'s Methode recht kennen zu lernen. Da heißt es z. B. S. 50 unten: »somit muss die *eis/īs*-Linie von der romanischen Grenze bis zum Siegerlande insofern als unsicher bezeichnet werden, als wir von vorn herein [sic!] sagen dürfen, hier ist die Diphthongierungsgrenze keine feste, sondern eine sich stetig wandelnde« — also nicht etwa, weil Br. tatsächliche Belege gesammelt hätte für Unsicherheiten der *eis/is*-linie, sondern weil er die Grundansicht hat, dass *eis* dort vordringen muss, deshalb ist anzunehmen, dass der Atlas hier fehlerhaft sei!

S. 51 unten: »Zur Beurteilung der Diphthongierungslinie in Hessen fehlt es mir an bestimmten Anhaltspunkten [sic!]. Der grade Lauf der Linie weist darauf hin, dass der postulierte Übergangsstreifen [sic! er soll und muss also da sein!] — denn [sic!] auch hier sind sowohl an der Schwalm wie östlich vom Vogelsgebirge wie an der oberen Fulda die alten Mundartengrenzen eben überschritten [also das ist der Grund!] — nur eine sehr geringfügige Breite haben kann.«

S. 52 oben: »Es ist anzunehmen [warum? nun weil ein Übergangsgebiet sein muss], dass in solchen Grenzorten sowohl *eis* und *wein*, wie *is* (*is*, *ix*) und *win* (*win*, *winy*) bekannt ist...« — Beweise für seine Annahme hat Br. nicht, aber — es ist anzunehmen!

S. 53: »Amt Gehren mit Umgegend hebt sich auffällig als eine nach Süden vorgeschobene monophthongische Halbinsel ab. Es unterliegt für mich keinem Zweifel [sic!], dass diese Abweichung von dem sonst ziemlich graden Lauf der Diphthongierungslinie in der Weise nicht durch die Tatsachen gerechtfertigt ist. Vielmehr werden wir diese ganze monophthongische Halbinsel nebst ihrer westlichen Umgebung als Übergangsgebiet ansehen müssen. Man darf ohne Kühnheit behaupten [sic!], dass einerseits von Ilmenau nach Plaue hin die Monophthonge noch nicht ausgestorben sind, andererseits im Amt Gehren die Diphthonge bereits Eingang gefunden haben, dass also [sic!] das Kartenbild des Sprachatlas hier nur eine Folge der zufälligen Angaben der Lehrer ist.« Und die Gründe, Herr Br.?, die Beobachtungen, die Tatsachen, die zu so kühnen, sehr kühnen Behauptungen zwingen?

Der Leser wartet auf sie vergebens! 50 dichtgesäte Ortschaften oder noch mehr haben mir plötzlich durch die Bank ungenaue Angaben geliefert, weil? ja weil Herrn Bremer der spassige Verlauf der dortigen *Eis*- und *Wein*-Linie zuwider ist — sie muss grader laufen, darum muss hier der Atlas büßen, obwohl keine einzige Ausnahme weder diesseits noch jenseits der Grenzlinie den leisesten Anhalt bietet, sie für so ganz zufällig und unzuverlässig anzusehen. Ist es denn wirklich erlaubt, so etwas in einem wissenschaftlich sein wollenden Buche drucken zu lassen?

S. 54: »Herr Cand. phil. Aigte ... bestätigt mir, dass Artern noch dem monophthongischen Gebiete zuzuteilen sei, wenn auch die Mehrzahl der Bewohner [sic!] sich bereits der diphthongischen Umgangssprache bediene« — der Sprachatlas hat für Artern *Eis* aber *Wien*, ebenso *gleich*, *beißen* aber *Zieten* — was heißt es da, Artern sei dem »monophthongischen Gebiete noch zuzuteilen«? Es ist vielmehr bei jedem einzelnen Worte dem Gebiet zuzuteilen, dem die Wortform es zuweist. Der Sprachatlas hat keine allgemeine Diphthongierungslinie und kein allgemeines Diphthongierungsgebiet, sondern nur Linien und Gebiete für bestimmte einzelne Wörter, wie '*Eis*', '*Wein*' u. s. f. Wenn Br. aus dem Nebeneinander von *eis* und *wien* sofort unbedenklich schließt, dass dann dort auch *īs* und *wein* gesprochen werden müsse, so muss er erst Beweise dafür bringen, sein blosser Schluss ist kein Beweis — mit solchen Schlüssen würde er zu den seltsamsten Folgerungen gelangen.

Ebenda: »Derselbe [Aigte] bezeichnet mir als monophthongisch auch die zwischen Artern und Sangerhausen gelegenen Dörfer Edersleben und Ober-Röblingen, ferner Sangerhausen, Martinsrieth, Einzingen, Othal, Beyer-Naumburg und Riestedt. Die Linie müsste also weiter ostwärts gezogen werden, als es in dem Sprachatlas geschehen ist, der Sangerhausen dem diphthongischen Gebiete zuteilt, obwohl es in Wirklichkeit rings von einem Kranze monophthongischer Dörfer umgeben ist.« Wiederum derselbe Fehler Br.'s, dass er ein Diphthongierungsgebiet im Sprachatlas sucht, während dieser nur Diphthongierungen **einzelner Wörter** darstellt. Von den angeführten Orten haben Edersleben, Ober-Röblingen und Martinsrieth im Atlas $\bar{\imath}$, Othal fehlt im Atlas, die andern schreiben *ei*. Wenn nun in letztern noch in einzelnen Wörtern (in welchen?) oder bei alten Leuten $\bar{\imath}$-Formen vorkommen, was geht das denn den Atlas an, der doch nur für **seine** Wörter verantwortlich ist und die Mundart etwa vom Jahre 1880 darstellt, nicht die der aussterbenden Generation, die Mundart von Anno 13? Wer gibt Br. ein Recht, an den Atlas solche Forderungen zu stellen und ihn dann danach abfällig zu kritisieren? Dass die Diphthonge in dortiger Gegend vorgerückt sind, noch vorrücken und auch in Zukunft vorrücken werden, wissen wir so gut wie Br., wir zeichnen aber unsere Karten nicht nach dem, was wir sonst woher wissen, sondern lediglich nach dem, was die Formulare enthalten. Fortwährend verfällt Br. dem Irrtum, als wollten wir mit unsern Einzellinien ein abschließendes Ergebnis eingehender historisch-grammatischer Untersuchungen bringen. Wir sind viel zu gewitzigt, um so etwas auf Grund nur zweier Karten wie '*Eis*' und '*Wein*' zu wagen, wir wollen damit geduldig warten, bis zahlreiche andere Einzelblätter uns dazu eine breite Grundlage bieten, und wollen dann sehen, ob wir Br.'s Ansprüchen nicht sehr gut gerecht zu werden vermögen. Also nur noch zehn bis fünfzehn Jahre Geduld, Herr Br.!

Wer weiter diesen Abschnitt verfolgt, wird überall die schon gerügte fehlerhafte Methode Br.'s wiederfinden, dass er stets postuliert, alle Diphthongierungswörter müssten gleichmäßig entweder *ī*, oder *ei* zeigen. Die Mehrzahl seiner Angaben aus der Litteratur führen andere Wörter an als '*Eis*' und '*Wein*', oder sprechen überhaupt nur allgemein von *ī* und *ei*, sogar von *ū* und *au*, und danach verlangt er dann von den Lesern, dass sie Misstrauen in unsere bloß für '*Eis*' und '*Wein*' gezogenen Linien setzen sollen. Ihm steht das Dogma von dem Zusammenfall der Einzelgrenzen aller unter ein Lautgesetz gehörigen Wörter noch unerschütterlich fest — wie schade doch, dass Br. Fischers Geographie der schwäbischen Mundart nicht mehr gesehen hat! Wie viel Mühe hätte er sich, seinen Lesern und uns dann ersparen können! Ein Drittel seines Buches wäre ohne Zweifel dann von ihm selber gestrichen worden! Um so nachdrücklicher sei ihm daher jetzt nachträglich noch ein eingehendes Studium dieses Werkes anempfohlen, es kann ihm nur zum größten Nutzen gereichen!

S. 31 sagt Br. bei Zusammenstellung der *wat/was*- und der *ik/ich*-Linie: »Ist man verpflichtet zu glauben, dass in „Schlieben mit etwa zwanzig umliegenden Dörfern" wirklich *ick* neben *was* von jedermann gesagt wird, und sollte nicht vielmehr hier *ich* neben *ick* und *was* neben *wat* gesagt werden, mag auch immerhin *ick* noch gebräuchlicher sein als *wat*?« Zur Orientierung für den Leser, der die Sprachatlaskarten ja nicht einsehen kann, sei vorausgeschickt, dass grade auf dieser Strecke sowohl die *ick*-Linie als die *wat*-Linie so grade und klar verläuft, wie man es nur wünschen kann. Nicht éine Ausnahme ist vorhanden! Wäre Br.'s Vermutung irgendwie in der Wirklichkeit begründet, so wäre es ganz und gar unglaublich, dass alle 22 Übersetzungen genau in derselben Weise das *ich* und das *wat* vermieden, dass keine einzige die andere Form wenigstens erwähnt hätte. Man ist also entweder verpflichtet, an einen ganz unglaublichen Zufall zu glauben, oder aber das Nebeneinanderbestehen von *ick* und *was* in jenen

Ortschaften als Wirklichkeit hinzunehmen! Ich will hier zur Illustration solcher Verhältnisse folgendes hinzufügen. Im Südzipfel des Kreises Olpe haben die beiden Orte Heid und Ottfingen verschobenes *ech*, während sie sonst wie die nördlichen Orte unverschobene Formen zeigen. Br. würde dieses *ech* nach seiner kritischen Methode wohl für falsch, jung eingedrungen, für eine Nebenform erklären. Wie aber liegt die Sache in Wirklichkeit? Wir haben erstens eine besondere Anfrage an jene Orte gerichtet, zweitens ist Herr Dr. Maurmann persönlich auf einer Fußtour dort gewesen, um sich genau nach dem Sachverhalt zu erkundigen: beide Orte haben, in genauer Übereinstimmung mit den Atlasformularen, *ech* und zwar nur *ech*, kein *eck* daneben, trotzdem sie sonst die unverschobenen sauerländischen Formen besitzen. Man ist also nicht bloss verpflichtet, an dieses *ech* zu glauben, so hart es einen ankommen mag, sondern es ist einfach Tatsache. Und bis nicht Herr Br. tatsächliche Belege aus jenen 20 Orten bei Schlieben beibringt, hat er gar kein Recht, lediglich weil ihm das Auseinandergehen dort von *wat* und *ick* unbequem ist, mit leeren rhetorischen Floskeln wie »ist man verpflichtet zu glauben« bei dem Leser den Eindruck zu erwecken, als ob die Atlasformulare an großer Unzuverlässigkeit litten.

Wie leichtfertig Br. sogar mit seinen eigenen Gewährsleuten umspringt, zeigt S. 119, wo er die richtige Angabe eines Braunschweigers, das nahe Veltenhof spreche einen eigenartigen Dialekt, unbesehen auf die nördlich anstoßende Mundart (der sogenannten -büttel-Orte) bezieht: Veltenhof ist Pfälzer Colonie von 1750, steht also dort mundartlich ganz isoliert da!!

S. 143 verwundert sich Br., dass der Sprachatlas nichts davon verrät, »dass die hennebergische Mundart neben unbetontem *ich* betontes *īch* kennt.« Der Sprachatlas verrät nur über solche Wörter etwas, die in den Formularen vorkommen, betontes *ich* kommt aber in diesen nicht vor — woher sollte es da in den Sprachatlas gelangen! Solche Forderungen des Herrn Br. sind doch eigentlich absurd!

S. 166: »Hätte der Bearbeiter der Karte ['*Wasser*'] die vorhandene mundartliche Litteratur zu Rate gezogen..., so würde er diesen Sachverhalt selbst erkannt haben,« nämlich die Verschiedenwertigkeit des in nd. Gegenden geschriebenen *a*. Dem gegenüber muss ich bemerken, erstens dass uns diese Verschiedenwertigkeit sehr wohl bekannt ist, dass aber zweitens die Karte '*Wasser*' des Sprachatlas die Aufgabe hat, das in den Formularen Geschriebene zur Darstellung zu bringen, nicht aber irgend welche phonetischen Schlüsse, die wir aus diesem Geschriebenen mit oder ohne Hülfe der Litteratur hätten ziehen können. Br. verkennt wieder ganz den Zweck unserer Karten, dass sie nämlich zunächst nichts sein wollen als eine geographisch geordnete Reproduction des in den Formularen überlieferten schriftlichen Tatbestandes. Alles Weitere bleibt Sache zukünftiger Verarbeitung der Karten.

An zahlreichen Stellen führt Br. Erscheinungen des Sprachatlas, die ihm nach seinen Anschauungen verdächtig vorkommen, auf die Altersverschiedenheit unserer Gewährsmänner zurück. Gehen beispielsweise die Vocale von '*Eis*' und '*Wein*' im Sprachatlas auseinander, so verleitet ihn sein Dogma von dem notwendigen Zusammenfall dieser Diphthongierungen zu der Annahme eines Übergangsstreifens, in welchem die älteren Leute noch Monophthonge, die jüngeren schon Diphthonge sprechen sollen oder umgekehrt. Die Atlaslinien sind dann das höchst problematische Ergebnis des reinsten Zufalls, der hier das Formular einem alten, dort einem jungen Lehrer, hier älteren Eingeborenen, dort jungen Schülern als Gewährsleuten in die Hände gespielt hat. Daher die häufigen Wendungen wie: »hätte zufällig ein älterer Lehrer die Übersetzung geliefert, so würde der Atlas eine ganz andere Linie bieten, diese oder jene Ausbuchtung wäre fortgefallen« u. s. f. Diese bequeme und scheinbar naheliegende Vorstellung ist trotzdem ganz unhaltbar, wie Br. bei einiger Überlegung selber hätte finden müssen. Br. hat die Karten von 11 Wörtern »genauer studiert« (S. VII). Er muss dabei gesehen haben, dass die Linien schon dieser 11 Wörter sich in der buntesten Weise schneiden und kreuzen. Er musste, weiter schließend, daraus zu der Ansicht gelangen, dass bei 300 Wörtern das Durcheinander der Linien ein so kolossales sein wird, dass schließlich kaum ein Fleckchen im Deutschen Reich übrig bleibt, wo nicht eine Linie herläuft. Wenn man nun beim Vergleichen von '*Eis*' und '*Wein*' annehmen wollte, die oder die bestimmte Übersetzung muss auf einen älteren Eingeborenen als Gewährmann zurückgehn, so kann man das ja tun, solange man bloß diese zwei Wörter vornimmt. Vergleicht man aber zwei, drei, zwölf andere Karten, welche sonstige in der Nähe der '*Eis*'-Linie verlaufende Grenzlinien enthalten, so kommt man da möglicherweise zu ganz anderen Schlüssen, da müssen vielleicht grade ganz andere Übersetzungen auf alte Leute zurückgeführt werden, während die bei '*Eis*' und '*Wein*' angenommenen hier die jüngste Form enthalten. Man sieht, sobald man diese Vorstellung klar weiter verfolgt, führt sie ins Ungereimte. Sie ist eine Fiction, die, mit Scheingründen gestützt, zunächst etwas Plausibles an sich hat. Sie entspringt eben aus einer falschen Grundanschauung, nämlich aus der Anschauung, dass die Einzelwortgrenzen für einen bestimmten Lautwandel zusammenfallen müssten, mit andern Worten, dass nicht *îs* und *wein* im selben Orte von denselben Personen gebraucht werden könnten.

Noch leichter wäre Br. diese Erkenntnis aufgegangen, wenn er Fischers Geographie der schwäbischen Mundart hätte studieren können. F.'s Karten enthalten eine ganze Anzahl Wörter, die auch im Sprachatlas vorkommen. Eine Vergleichung beider Werke hätte Herrn Br. gezeigt, dass die Abgrenzungen für die gleichen Wörter in der denkbar besten Weise zusammenstimmen. Ein Wort wie '*nichts*' zum Beispiel, das grade in Südschwaben höchst charakteristische Formen in kleinen Gruppen bietet, zeigt genau dieselben Formen in denselben Abgrenzungen auf Fischers Karte wie im Sprachatlas, auch mit unbequemen Ausbuchtungen und Ecken im Verlauf der Linien. Nach seiner sonstigen Methode hätte Br. ohne Zweifel auch hier solche Wunderlichkeiten der Sprachatlas-Linien auf die Altersungleichheit der Gewährsmänner zurückgeführt und etwa gesagt: »Wäre zufällig in X oder in Y der Lehrer ein älterer Herr gewesen, so würde der Sprachatlas ganz andere Linien bringen«. Nun bringt aber Fischer genau dieselben Linien — also muss man nach strenger Logik folgern, dass überall da, wo der Sprachatlas einen älteren Lehrer voraussetzt, auch der Pfarrer ein älterer Herr ist (denn Fischers Gewährsmänner sind die Pfarrer), und wir hätten das für jeden Statistiker und Culturforscher gewiss höchst belangreiche Gesetz gefunden, dass in Württemberg und den umliegenden Landschaften allemal der Pfarrer und der Schullehrer eines Ortes der gleichen Altersklasse angehören!

Ich komme zu dem Haupteinwande Br.'s, der auf der »Unzulänglichkeit der Orthographie« beruht und dem Br. den langen Abschnitt IV seines Buches widmet, von S. 116—232. Dass Br. hier uns nichts Neues sagt, hätte er aus dem seit 1889 in Berlin liegenden Einleitungs-Heftchen ersehen können.

Dort steht S. 32f.: »Es liegt zunächst nahe, zu erwarten, dass der Sprachatlas eine phonetisch genaue Wiedergabe des gesprochenen Wortes bringen würde. Allein dies ist gänzlich unmöglich. Das Material des Atlas besteht nur in schriftlichen Aufzeichnungen, und wenn auch aus den verschiedenen Schreibungen der Formulare sich sehr oft der phonetische Lautwert einer Form mit überraschender Deutlichkeit und voller Bestimmtheit ergibt, so ist doch ebenso oft ein sicherer Schluss auf den genauen Laut durchaus gewagt. Gerade die jahrelange eingehende Beschäftigung mit dem Material meiner Sammlung hat hierin zur größten Vorsicht geführt und gelehrt, wie sehr man sich vor voreiligen Schlüssen und namentlich vor Verallgemeinerungen und Constructionen in phonetischen Dingen zu hüten habe. Der Natur der ihm zu Grunde gelegten Sammlung nach kann und darf der Atlas in phonetischen Fragen nicht abschließen.... Hier ist der Einzelforschung im Anschluss an den Atlas ein weites und reiches Arbeitsfeld vorbehalten....«

Und S. 34: »Die größte Gewissenhaftigkeit und ein offenes Eingeständnis alles dessen, was unsicher oder gänzlich unbekannt bleibt, sind hier der beste Dienst, den man der Wissenschaft leistet, und es ist von Wichtigkeit, zugleich mit dem überreichen Schatze an positiven Ergebnissen, die der Atlas bringt, die Einsicht möglichst zu verbreiten und rege zu halten, dass wir in der Lautkunde unserer Mundarten auch nach Vollendung des Sprachatlas allesamt noch Anfänger sein werden.«

Der Leser sieht, dass wir uns der aus der Unzulänglichkeit der Orthographie erwachsenden Schwierigkeiten seit Jahren vollkommen bewusst sind. Wir könnten sogar mit Leichtigkeit die vielen kritischen Einwendungen, die Br. in Abschnitt IV zusammenstellt, durch eine reiche Sammlung anderer vermehren. Trotzdem verfallen wir nicht in den Fehler Br.'s, nun das Kind mit dem Bade auszuschütten, sondern wir hegen die Überzeugung, dass wir trotz alledem auch über so schwierige Fragen noch sehr viele sichere Aufschlüsse bringen werden. Das geht allerdings nicht, wenn man jede Karte isoliert betrachtet. Es gehört eine umsichtige und vorsichtige Combination dazu, um hier Schritt vor Schritt vorzudringen. Es scheint mir wichtig, wenigstens an einem Beispiel zu erläutern, dass und wie hier mit dem Atlasmaterial doch weiter zu kommen ist. S. 160—166 behandelt Br. die nd. Vocale in dem Worte 'Wasser' (vgl. oben S. 24), und kommt dabei zu ziemlich trostlosen Resultaten. Nun, wir verschieben die Frage nach dem phonetischen Wert des *a* in *water*, bis wir Karten mit ursprünglichem *a*, wie 'schlafen', und mit tonlangem *o*, wie 'kochen', zur Vergleichung ziehen können. Dann wird sich ergeben, dass in bestimmten Gegenden Niederdeutschlands die Vocale dieser drei Wörter ganz gleich geschrieben werden, in andern werden bestimmte charakteristische Abweichungen bei 'schlafen' oder bei 'kochen' sich zeigen. Durch eine vorsichtige Combination, womöglich mit Hinzuziehung weiterer passender Wortkarten, lässt sich dann sehr wohl etwas Sicheres über den wirklichen Lautwert in den einzelnen Gegenden feststellen, jedenfalls ist die Sache durchaus nicht so aussichtslos, wie Br. hier und fast überall in Abschnitt IV sie ansieht. Aber freilich, erst Geduld! erst müssen noch manche Karten fertig vorliegen, bis man mit Nutzen combinieren kann. Dass mit nur 11 Karten nichts zu erzielen ist, das hätten wir Herrn Br. von vornherein sagen können. — Nicht, wie Br. vor allen Dingen will, die Vergleichung gleichlautiger Wörter, wie *Eis* und *Wein* mit altem $\bar{\imath}$, *Wasser*, *was*, *Salz* mit *ä* u. s. f. ist das, was hier vorwärts bringt, sondern grade die Vergleichung ganz verschiedenlautiger Wörter wird am meisten fördern. Eine Combination von *Bruder* mit *tot*, von *tot* mit *schlafen*, von *Haus* mit *laufen*, von *Schnee* mit *lieb*, mit *nähen*, mit *Fleisch*, das sind die lehr- und ergebnisreichsten Verwendungen der fertigen Karten, wie wir aus gelegentlichen kurzen Versuchen bestätigen können. Wird erst das ganze Atlasmaterial handlich vorliegen, dann können wir Herrn Br. mit Bestimmtheit trotz der orthographischen Schwierigkeiten brauchbare Ergebnisse in Aussicht stellen, die jeder Kritik Stand halten werden.

Der auf den folgenden Blättern abgedruckte, vor Erscheinen des Br.'schen Buches gehaltene Vortrag Wrede's behandelt grade die aus der Orthographie entspringenden Schwierigkeiten in der Interpretation der Atlaskarten so eingehend, dass ich mich hier auf das wenige Gesagte beschränken kann. Nur eines möchte ich Br. gegenüber nicht unausgesprochen lassen. Es ist ihm an keiner Stelle gelungen, zu der Erkenntniss durchzudringen, dass trotz der unleugbaren und von uns längst anerkannten orthographischen Schwierigkeiten dennoch im Sprachatlas selber Mittel und Wege gegeben sind, durch die späterhin mit Erfolg jenen Schwierigkeiten entgegengetreten werden kann. Durchaus befangen in festen engbegrenzten Grundanschauungen, fehlt ihm gänzlich eine freie von allen Seiten an die Sache herantretende Betrachtungsweise, die allein zur geistigen Beherrschung der kolossalen, verwirrenden Tatsachenfülle des Sprachatlas vorzudringen vermag.

Ich resumiere.

Herr Br. hat an zahlreichen Stellen seines Buches Einzelheiten der Sprachatlaskarten mit Angaben der Dialektlitteratur verglichen und danach dem Atlas Fehler und Mängel vorwerfen zu können geglaubt. Wir haben aber gesehen, dass ihm die Fähigkeit, unsere Berliner Karten genau aufzufassen und wiederzugeben, in bedauerlichster Weise abgeht, dass somit nach dieser Seite hin seine Kritik vollkommen hinfällig ist.

Herr Br. hat hier und da die Technik unserer Darstellungsweise bemängelt — ohne indess brauchbare Verbesserungsvorschläge zu Tage zu fördern.

Herr Br. hat aus methodischen Gründen, auf die ihm geläufigen Anschauungen über Leben und Wandel der Mundarten fußend, Linien und Einzelangaben unserer Karten in langatmigen Auseinandersetzungen als verdächtig oder gänzlich verfehlt hingestellt. Einwendungen dieser Art stehen und fallen mit Br.'s Grundanschauungen. Nur wenn man und soweit man diese teilt, kann man jenen Einwendungen Bedeutung beimessen. Unserer Überzeugung nach werden aber fast alle diese Grundanschauungen Br.'s grade in Folge der Tatsachen des Sprachatlas mindesten in erneute, gründliche Untersuchung gezogen, wahrscheinlich auch wesentlich umgestaltet werden müssen. Für uns sind somit auch diese Stellen des Br.'schen Buches belanglos.

Herr Br. hat endlich eine Hauptquelle für seine Ausstellungen in der Unzulänglichkeit der Orthographie gefunden. Damit bietet er aber weder uns noch den Lesern etwas Neues, da grade diese Art Schwierigkeiten von uns in den Textheften und in Wrede's Berichten bei jedem Anlass nachdrücklich zur Sprache gebracht worden sind. Wohl kein Benutzer des Sprachatlas dürfte mit so naiver Gedankenlosigkeit an das Studium der Berliner Karten herantreten, wie Br. es vorauszusetzen scheint.

Doch genug der unerquicklichen Arbeit. Nur die Achtung vor der Sache, die ich vertrete, und das Gefühl der Verantwortung allen denen gegenüber, die dem Sprachatlas Interesse entgegenbringen, aber nicht in der Lage sind, Br.'s Einwände an der Hand der Atlaskarten nachzuprüfen, konnten mich bestimmen, dieser »Kritik des Sprachatlas« scharf und entschieden entgegenzutreten. Mit dem Verfasser eines solchen Elaborates habe ich hiermit ein für allemal abgeschlossen.

II.

Über richtige Interpretation der Sprachatlaskarten.

Vortrag
gehalten in der germanistischen Section der
43. Versammlung deutscher Philologen und Schulmänner
zu Köln am 26. September 1895

von

Ferd. Wrede.

Hochgeehrte Herren!

Der freundlichen und für mich ehrenvollen Aufforderung des Präsidiums, neben dem Vortrage des Herrn Dr. Wenker in der Plenarsitzung des Philologentages auch vor dem engeren Fachgenossenkreis der germanistischen Section über den Sprachatlas des Deutschen Reichs zu sprechen, musste ich um so entschiedener mich verpflichtet fühlen zu folgen, als dieses liebenswürdige Entgegenkommen, das den Sprachatlas hier zweimal zu Worte kommen lässt und uns zu aufrichtigstem Danke veranlasst, den besten Beweis dafür bringt, dass dieser trotz der wenigen Proben, die von ihm bisher an die Öffentlichkeit gelangen konnten, in seiner Bedeutung für unsre Wissenschaft voll anerkannt wird. Es wurde uns damit die Möglichkeit gegeben vor den specielleren Fachgenossen, von denen bisher immer nur blinder Glaube an den unnahbaren großen Unbekannten verlangt wurde, dies oder jenes Kartenblatt leibhaftig ad oculos zu demonstrieren, vielleicht auch Anfragen, Bedenken und Zweifel sofort vor den Karten zu erledigen.[1])

Dem entsprechend durfte ich meine Aufgabe lediglich so auffassen, dass ich hier nicht in meinem Interesse, sondern allein in dem des Sprachatlas zu reden, dass ich den Vortrag

---

[1]) Zahlreiche fertige Sprachatlaskarten waren während des Vortrags ausgelegt.

nicht zur Mitteilung einer persönlichen Studie, vielmehr dafür zu verwerten habe, den Sprachatlas dem Verständnis und vor allem dem Vertrauen der Fachgenossen so nahe wie möglich zu bringen. Denn dieses Vertrauen brauchen wir noch auf lange Zeit, indem wir auch heute noch nicht annähernd einen Zeitpunkt angeben können, wann die ersten Publicationen herauskommen werden: erst wenig mehr als ein Viertel des Ganzen ist vollendet und unser Wissen immer noch Stückwerk. Noch auf lange Jahre hinaus werden Sie sich mit dem Provisorium begnügen müssen, das meine laufenden 'Berichte' im 'Anzeiger für deutsches Altertum' darstellen, — übrigens ein Provisorium, dessen Wert im Hinblick auf unsre früheren dialektgeographischen Anschauungen nicht zu unterschätzen sein wird. Ich bin auch hier heute gern bereit, etwaige Wünsche in Bezug auf die Abfassung dieser Berichte und ihre praktische Brauchbarkeit zu discutieren. Freilich sie wollen nicht nur gelesen, sondern vor allem in eine kartographische Skizze umgewandelt sein, um instructiv zu wirken; in den germanistischen Seminaren der Universitäten werden sich gewiss immer Mitglieder finden, die aus persönlichem Interesse diese Skizzen entwerfen und damit dem Seminar ohne große Mühe und Kosten einen kleinen Apparat von Dialektkarten herstellen können; das Gleiche wäre für die Gymnasialbibliotheken zu wünschen.

Was die technische Herstellung der Sprachatlaskarten betrifft, so sei nur daran erinnert, dass die Kartenbilder aus dialektischen Übersetzungsformularen gewonnen sind, die aus mehr als 40000 deutschen Schulorten stammen und hier an Ort und Stelle ausgefüllt wurden, und dass die in diesen mehr als 40000 Formularen gebotenen Sprachformen ganz mechanisch nach der Originalschrift, ohne theoretisierende Besserungen oder dergl., in die Karten eingetragen wurden. Da stehen wir denn gleich vor der Cardinalfrage, ob denn diese Formulare solch unbedingtes Vertrauen verdienen, ob sie und damit die aus ihnen hergestellten Atlaskarten tatsächlich so zuverlässig sind, wie wir behaupten.

Meine Herren! Ich hätte die Frage, die an verschiednen Orten bereits von uns erörtert worden ist, hier nicht von neuem berührt, wenn nicht hier und da graue Theoretiker, die kaum je eins unserer Formulare in der Hand gehabt haben, ihrem subjectiven Zweifel Ausdruck zu geben sich gemüßigt fänden. Erlassen Sie mir alles dasjenige, was schon wiederholt über die rückhaltlose Zuverlässigkeit und Brauchbarkeit unseres Atlasmaterials ausgeführt worden ist. Ich beschränke mich darauf, zu constatieren, dass von solchen Zweiflern außer ihren allgemeinen Bedenken uns auch noch nicht ein einziger concreter, positiver Fehler nachgewiesen worden ist, dass aber jene allgemeinen Bedenken immer aus ganz bestimmten Vorurteilen geflossen sind, die das Princip über den Tatbestand siegen ließen. Derjenige, der am sichersten und richtigsten über den Wert des Atlasmaterials urteilen kann, ist kein Andrer als Wenker selbst; denn seine jahre- und jahrzehntelange Beschäftigung mit dem Atlas war und ist immer wieder zugleich eine Beschäftigung mit der Frage nach der Zuverlässigkeit seiner Formulare. Und da sei auch hier wieder ausdrücklich hervorgehoben, dass der Glaube an diese im Laufe der Jahre nicht gesunken, sondern im Gegenteil gestiegen ist, und vereinzelte Correcturen, wie sie hier und da in den allerersten Karten versucht worden sind, werden heute principiell vermieden!

Natürlich giebt es Fehler in den Dialektübersetzungen, aber wir kennen diese genauer als jeder Andre und wissen uns mit ihnen abzufinden; ja wir könnten Ihnen aus der jahrelangen Bearbeitung der Formulare eine ganze Reihe von den 40000 Fragebogen mit Namen aus dem Gedächtnis herzählen, bei denen jedesmal Vorsicht geboten ist. Aber was wollen solche vereinzelte Fälle besagen gegenüber der ungeheuren Masse von Formularen, die eine Controlle jener unsicheren gestatten! Grade diese Menge der vertretenen Orte sichert uns vor unrichtigen Angaben aus einem einzelnen; erscheinen eine oder vereinzelte Übersetzungen irgendwie verdächtig, so liegen Dutzende, ja Hunderte aus der Nachbarschaft zum Vergleich bereit: auf der großen Zahl der Atlasformulare beruht die Sicherheit seiner Ergebnisse.

Auf unsre wiederholte Aufforderung und Bitte, die verehrten Fachgenossen möchten Fehler oder Bedenken, die ihnen in Bezug auf den Atlas aufgestoßen seien, rückhaltlos uns mitteilen, ist nur ganz vereinzelt Antwort erfolgt; und ich möchte deshalb auch hier heute wieder den dringenden Wunsch aussprechen, dass jeder der verehrten Anwesenden etwaige Scrupel sofort äußere, damit im frischen Meinungsaustausch die Frage geklärt werden kann. Eine glänzende Bestätigung seiner Zuverlässigkeit hat der Atlas letzthin durch das Erscheinen eines kleinen Sonderatlas erfahren: Hermann Fischer hat eine 'Geographie der schwäbischen Mundart' herausgegeben; das Unternehmen war durchaus unabhängig von unserm großen Atlas entstanden, sein Material selbständig eingezogen worden; und siehe da, der aus den Fischerschen Karten ersichtliche Tatbestand im Schwäbischen stimmt im allgemeinen wunderschön zu dem der unsrigen: gewiss ein schlagender Beweis zu Gunsten der Zuverlässigkeit beider Unternehmungen.

Diese Erwägungen sollten sich nur auf die Frage beziehen, ob die Übersetzer etwas Richtiges haben bieten wollen oder nicht. Eine völlig andre ist die, ob ihnen die gute Absicht, das Richtige niederzuschreiben, wirklich geglückt ist; d. h. der Grad der phonetischen Genauigkeit ist noch zu beleuchten und damit zugleich der Haupteinwand gegen die Zuverlässigkeit des Sprachatlas, dass ja unsere Gewährsmänner nicht phonetisch gebildet seien, als völlig beweisunfähig zu entkräften. Man könnte diesem Einwurf ohne weiteres den andern entgegensetzen, dass doch auch die Schreiber unserer altdeutschen Handschriften keine phonetische Bildung besessen haben und dass man heute trotzdem die meisten altdeutschen Laute mit phonetischer Genauigkeit glaubt definieren zu können.

Unsern Übersetzern war keinerlei phonetische Bezeichnungsweise vorgeschrieben, sondern lediglich eine möglichst ungesuchte und ungezwungene Schreibart anempfohlen worden. Dies hatte sich als der allein zuverlässige Weg ergeben, nachdem vereinzelte Versuche, z. B. offene und geschlossene Vocale, Nasalierung u. ä. besonders einheitlich bezeichnen zu lassen, resultatlos verlaufen waren; die Übersetzer durften vielmehr gar nicht wissen, worauf es im einzelnen ankomme, sondern mussten in völliger Unbefangenheit belassen werden. Daraus folgt — und das ist der springende Punkt für das richtige Verständnis des ganzen Sprachatlas —: die Übersetzungen und demgemäß das, was auf den fertigen Karten steht, darf man nicht als phonetisch genaue Dialektwiedergaben auffassen, sondern jede Karte erfordert, grade so wie jede alte Handschrift, eine besondre, häufig recht schwierige Interpretation, wie die darauf verzeichneten Sprachformen phonetisch zu übertragen sind. Wir liefern also nicht Karten mit den definitiven Dialektformen in phonetischer Transscription, sondern mit den Originalwiedergaben der Formulare, und erst eine besondre philologische Tätigkeit muss hieraus die genaue Dialektform zu abstrahieren suchen. Eine unrichtige Interpretation in diesem Sinne kann die größte Verwirrung anrichten, und auf ihr beruhten bisher jedesmal die angeblichen Fehler, die man auf den Karten glaubte constatieren zu können. Aus den Karten unseres Sprachatlas müssen die Karten eines Sprachatlas an sich erst abgeleitet werden.

Crasse Lautunterschiede wiederzugeben, z. B. unverschobenes *bīten* gegenüber verschobenem *bīßen* oder monophthongisches *bīßen* gegenüber diphthongiertem *beißen*, das macht den Übersetzern keine Schwierigkeit, ebenso wie es seit tausend Jahren den Schreibern unserer Handschriften keine Schwierigkeit gemacht hat. Aber bei allen feineren Nüancen beginnen naturgemäß die Verlegenheiten.[7] Dadurch nun, dass die Schreiber kein vorgeschriebenes phonetisches System zu verwerten hatten, sondern ein jeder auf seine eigne Feder, sozusagen auf seine eigne graphische Erfindungsgabe angewiesen war, entstand für alle zarteren, namentlich vocalischen Lautschattierungen ein Chaos phonetischer Transscriptionen. Auch in solchen Fällen ist es meistens gar nicht so schwer, aus diesen zahlreichen Wiedergaben das Richtige, das ein jeder Schreiber gemeint hat, herzuleiten. So ist auf der vorliegenden Karte '*beißen*' das Gebiet der westfälischen Diphthongierung, das altes niederdeutsches *bīt-* zuerst steigend circumflectiert und dann aus diesem Circumflex einen Diphthong mit dem Endziel *ui* entwickelt, mit lauter verschiednen Einzelschreibungen angefüllt; oder in den moselfränkischen Gegenden ist der nhd. Diphthong in *beißen* bald als *āi* bald als *ehi* u. s. w. u. s. w. bezeichnet: es fällt uns nicht ein behaupten zu wollen, dass an einem einzelnen Orte, für den etwa die Form *behit-* überliefert ist, dies die tatsächliche locale Lautform des neuen Diphthongs repräsentiere; vielmehr führt erst die Combination dieses *behit-* mit allen den sonstigen Sonderschreibungen der Nachbarschaft zu der annähernd richtigen, dort üblichen Dialektform.

Aber auch in solcher Unsicherheit, von der die Schreiber in dieser und vielen ähnlichen Fragen beherrscht worden sind, und in ihrer richtigen Beurteilung liegt noch nicht die Hauptschwierigkeit einer fehlerfreien Atlasbenutzung. Es liegt auf der Hand, dass die Übersetzer vom Schriftdeutschen und seiner Orthographie, der einzigen, die ihnen geläufig war, oft und stark beeinflusst sind. Nun wird aber bekanntlich dieses äußerlich einheitliche Schriftdeutsch tatsächlich sehr verschieden ausgesprochen, specielle Dialekteigentümlichkeiten werden beibehalten, selbst wenn der Redner sich Mühe giebt reines über der Mundart stehendes Schriftdeutsch anzuwenden, z. B. in den Gebieten des spirantischen *g* kann man diese Spirans auch auf Kanzel und Katheder hören, ebenso entrundetes *i* und *ei* für ü und *eu* u. v. ä. Daher konnte es kommen, dass die Schreiber unserer Atlasformulare in der besten Absicht genau zu sein die schriftdeutsche Form eintrugen, weil ja ihre Dialektform mit der Schriftform, wie sie wenigstens dort am Ort ausgesprochen zu werden pflegt, identisch war. Ein Beispiel wird das erläutern.

Thüringische und obersächsische Gegenden kennen im Wortanlaut nicht die Affricata *pf* in Wörtern wie *Pfeffer, Pferd, Pfund*, sondern haben dafür lediglich *f*. Dieses dialektische *f* statt *pf* wird auch unbewusst von dem beibehalten, der sich Mühe giebt möglichst dialektfrei schriftdeutsch zu sprechen. Und so kennen die dortigen Atlasübersetzer das *pf* in solchen Wörtern lediglich als Schriftzeichen für *f* und schreiben daher in der Meinung, ganz verständlich zu sein, eben dieses *pf*. Andre werden aber durch die Identität dieses *f* mit dem andern in Wörtern wie *Feld, fliegen, fünf* veranlasst, auch *Pfeffer* und *Pfund* mit *f* zu schreiben, und so zeigt unsere Karte des Wortes *Pfund* in diesen Gegenden ein buntes Durcheinander von *f*- und *pf*-Schreibungen: es fällt uns nicht ein behaupten zu wollen, dass dort etwa in den Mundarten ein Schwanken zwischen *f* und *pf* stattfände, vielmehr ist *f* aus den Wiedergaben als der allein dialektgemäße Laut zu eruieren und die *pf*-Schreibung in der angegebenen Weise zu erklären. Angenommen nun, eben diese Mundarten besäßen das alte *f* in Wörtern wie *Feld*, *fliegen, fünf* überhaupt nicht, sondern das *f* in *Pfeffer, Pfund* wäre der einzige im Dialekt vorkommende *f*-Laut, dann würden infolge des schriftdeutschen Vorbildes und weil kein Unterscheidungsbedürfnis von einem andern *f* vorhanden wäre, die Schreibungen *pf* wahrscheinlich überhaupt dominieren, die *f* fast ganz fehlen, und das einheitliche *pf* unserer Karten müsste trotz dieser Einheitlichkeit als *f* gelesen werden, d. h. so gelesen werden, wie es die dortige Aussprache des Schriftdeutschen angiebt.

Ein solcher Fall liegt z. B. auf der schon erwähnten Karte '*beißen*' vor. Der anlautende Consonant des Wortes ist überall im ganzen Deutschen Reiche, im Norden und Süden, im Westen und Osten, gleichmäßig durch *b* wiedergegeben worden. Es fällt uns nicht ein, infolge davon behaupten zu wollen, dass das anlautende *b* in allen Mundarten derselbe Laut sei. Vielmehr stammt die einheitliche Schreibung in fast allen Formularen lediglich daher, dass überall auch beim Schriftdeutschsprechen dennoch das dialektische *b* angewant wird, im Norden das stimmhafte, im Süden das stimmlose. Und wir geben in solchem Falle ohne Bedenken zu, dass über die Natur des anlautenden *b* die Karte '*beißen*' keinen Aufschluss giebt! Wenigstens keinen irgendwie genügenden. Denn vereinzelte kleine Anfänge d i a k r i t i s c h e n B e s t r e b e n s sind vorhanden und zwar in der Nähe der Grenze, dort wo zwei verschiedene Articulationsarten benachbart und daher die Vertreter der einen Articulation durch den Verkehr mit ihren Nachbarn mit der andern Articulation auf den Unterschied aufmerksam geworden sind. Von solchem diakritischen Streben in der Grenzgegend rühren ganz vereinzelte *p*-Schreibungen im Thüringischen und Obersächsischen her: es fällt uns nicht ein behaupten zu wollen, dass in diesen Orten nun infolge der Schreibung ihrer Formulare etwa *peißen* mit einer Fortis *p* anzunehmen sei; vielmehr liegt die Grenze vom nördlichen niederdeutschen stimmhaften *b* und südlichen obersächsischen stimmlosen *b* in der Nähe, und dies letztere, also lediglich Stimmlosigkeit, ist durch die Schreiber dieser wenigen *peißen* im Gegensatz zum niederdeutschen *beißen* mit stimmhaftem *b* ausgedrückt worden.

Ein andres Beispiel, wie teils mit schriftsprachlichem Usus teils mit diakritischem Bedürfnis zu rechnen ist, bietet die Wiedergabe des dialektischen *g*. Regelmäßige *g*-Schreibung lässt durchaus nicht ohne weiteres auf Verschlusslaut schließen, beruht vielmehr oft darauf, dass die betreffende Mundart für das *g* in allen Stellungen nur einen Laut besitzt, der auch beim Schriftdeutschsprechen gilt (mag es nun Spirans oder Explosiva sein), und daher keinen Grund zu unterscheidenden Schreibungen hatte. Umgekehrt kann überwiegendes *j* oder *ch* statt *g* auf solch diakritisches Bedürfnis schließen lassen, indem *g* in der einen vorliegenden Stellung im Wort Spirans, in andern Fällen Explosiva ist. So wird das Präfix *ge-*, z. B. im Participium praeteriti, soweit es überhaupt vorhanden ist, überwiegend *ge-* geschrieben: es fällt uns nicht ein behaupten zu wollen, dass deshalb überall dasselbe *ge-* articuliert werde; sondern wir würden, wenn nicht andre Auswege vorhanden wären, ohne weiteres zugeben, dass das betreffende Atlasblatt für die verschiedene Natur des anlautenden *g* in den Mundarten ergebnislos sei! Hier am Niederrhein wird der spirantische Guttural im genannten Präfix durch gelegentliche *je-* bewiesen; aber wieder sehr interessant ist, wie die Pfälzer Colonie südlich von Cleve (Pfalzdorf, Luisendorf, Neuluisendorf) ihren pfälzischen Verschlusslaut von dem sie rings umgebenden niederrheinischen Reibelaut durch die Schreibung *ke-* scharf abhebt: es wäre ein Unsinn, dies *ke-* nur aus sich erklären und etwa für die Fortis *k* sprechen lassen zu wollen, es verdankt seine Schreibung allein dem gewissenhaften Unterscheidungstrieb jener Schreiber, die ihrem Verschlusslaut, gegenüber dem rings nachbarlichen Reibelaut, gerecht zu werden strebten.

Aber, m. H., diese Fälle der Sprachatlasinterpretation sind noch nicht die schwierigsten. Sie bekunden zwar schon ihrerseits, wie bedenklich es sein muss, wenn jemand, der die dialektische Entwicklung eines einzelnen Lautes oder Wortes studieren will, sich etwa in Berlin von den dort deponierten fertigen Sprachatlaskarten die betreffenden vorlegen lässt und nun glaubt das, was er sucht, von ihnen einfach ablesen zu können. Vielmehr sprechen schon die angeführten Beispiele dafür, dass die Ausnutzung der fertiggestellten Atlasblätter und die Gestaltung ihrer Angaben zu wissenschaftlichen Formeln am leichtesten und auch am verlässlichsten demjenigen glücken wird, der den ganzen Atlas genau kennt und mit all solchen Finessen der Transscription unserer Formulare gründlich Bescheid weiß. Aber alle die erwähnten Fälle durften doch mit dem einen festen Factor, den schriftsprachlichen Formen und ihrem Einfluss auf die Federn unserer Gewährsmänner, rechnen. Noch complicierter wird die Aufgabe einer richtigen Atlasinterpretation, wenn diese Gewährsmänner ihre diakritischen Bedürfnisse nicht nur aus dem schriftsprachlichen Usus, sondern aus ihrer Mundart selbst heraus befriedigen zu können glauben.

Ein Beispiel: von den monophthongischen Gebieten der *heißen*-Karte bezeichnen diejenigen, welche die alte Länge $\bar{\imath}$ in *bīten* oder *bīßen* als solche bewahrt, nicht gekürzt haben, also der größte Teil des niederdeutschen Dialektgebietes, die hiesige Kölner Gegend, die Nachbarschaft von Schwarzwald und Bodensee, diese alte Länge $\bar{\imath}$ verschieden. In Nord- und Mitteldeutschland überwiegt die Schreibung *ie*, das den Übersetzern aus der Schriftsprache als Bezeichnung der Länge $\bar{\imath}$ geläufig war, in jenen alemannischen Bezirken hingegen fehlt das *ie*, obwol die Leute dort doch grade so schriftdeutsche Zeitungen lesen wie die des Nordens, wird vielmehr durch *ih*, *ii* oder ähnl. ersetzt. Woran liegt das? Daran, dass diese süddeutschen Mundarten in ihrem Vocalismus einen Diphthong *ïe* haben (in Wörtern wie *fliegen*, *hier*, *wie*) und dass ihre Gewährsleute daher fürchteten, man könne auch in der Schreibung *bießen* diesen Diphthong etwa wiederfinden wollen. Es fällt uns also nicht ein behaupten zu wollen, dass diese verschiedne Wiedergabe der alten Länge $\bar{\imath}$ in *bīten*, *bīßen* im Norden und im Süden etwa auch auf eine verschiedne Entwicklung oder Aussprache dieses $\bar{\imath}$ schließen lasse; sondern diese abweichende Schreibung besagt für die Natur des langen $\bar{\imath}$ überhaupt nichts. Sie besagt hingegen etwas für den mit dieser '*beißen*'-Karte sonst gar nicht in Beziehung stehenden alten Diphthong *ïe*: er ist im Süden als solcher vom alten $\bar{\imath}$ deutlich geschieden, im Norden hingegen wird er (wenigstens beim Schriftdeutschsprechen) als $\bar{\imath}$ gesprochen, und daher stammt dort die **umgekehrte Schreibung** der alten Länge $\bar{\imath}$ als *ie*.

Ein in der Art ähnliches, aber schon schwierigeres Beispiel: das altem germanischen *ai* in Paradigmen wie *Fleisch*, *heiß*, *Seife* u. ä. entsprechende niederdeutsche $\bar{e}$ erscheint in den preußischen Übersetzungen östlich der Weichsel häufig als $\bar{o}$ geschrieben. Haben diese $\bar{o}$ einen unmittelbaren lautlichen Wert? Man brauchte diese Frage nicht a priori abzulehnen, denn es giebt tatsächlich einzelne deutsche Districte, wo der Monophthong eine derartige Labialisierung erfahren hat. Aber dort im Preußischen liegen in den *Flösch*, *höt*, *Söp* wieder nur umgekehrte Schreibungen vor, die sich so erklären: unsre Gewährsmänner wollten in *Flēsch* u. s. w. geschlossenes $\bar{e}$ bezeichnen, im Gegensatz zu anderen $\bar{e}$ der Mundart mit offner Articulation; nun hat ihr Dialekt nhd. $\bar{o}$ entrundet zu geschlossenem *e*, wie Sie es in Kœnigsberg täglich hören können, und so kamen unsre gewissenhaften Schreiber, die für *Flĕsch* und *hĕt* und *Sĕp* das indifferente *e* vermeiden wollten, auf den Ausweg, dafür *ö* einzusetzen, das jeder Ostpreuße sofort als geschlossenes *e* lesen und aussprechen würde. Die richtige Beurteilung solcher immer wieder auftauchenden umgekehrten Schreibungen stößt also auf große, in der Atlasbenutzung vielleicht die größten Schwierigkeiten, und ihre Lösung erfordert fort und fort vollste Vertrautheit mit allen Eigenheiten unserer 40000 Übersetzungen. Auch wir, die wir jahrelang mit der Bearbeitung des Sprachatlas beschäftigt sind, müssen beständig auf der Hut sein, uns von solchen Schreibungen nicht zu falschen Schlüssen verleiten zu lassen. Irrungen sind auch uns, namentlich in den ersten Jahren, nicht erspart geblieben. Das Wort *müde* z. B. wird im Elsass regelmäßig als *miad*, *mïed* (also mit *i*, nicht *ü*) wiedergegeben, während östlicher rechts vom Rhein *müad* und *miad*, *müed* und *mïed* (also *ü*- und *i*-Schreibungen) bunt durcheinander gehen. Ich konnte daher vor Jahren in meinem Berichte über diese Karte noch sagen: »Im Elsass zeugt das consequente *miad* mit *i* für vollendete Vocalentrundung, während östlicher die wechselnden *ü*- und *i*-Schreibungen beweisen, dass die Entrundung hier im Vergleich mit dem Elsässischen noch nicht abgeschlossen ist«. Später, sobald die erste Karte mit altem *ū* (z. B. *Haus*) vollendet war, zeigte sich, dass ich einen vorschnellen Schluss gezogen hatte, dass das Elsässische jedes alte *ū* zu *ṻ* (*Hüs*) gewandelt hat und dass daher das diakritische Bedürfnis unserer vorsichtigen Übersetzer diese in *müde* trotz der schriftsprachlichen Vorlage das *ü* aufgeben und durch *i* ersetzen ließ. Ihre ostrheinischen Collegen jedoch, die jenes *Hūs* nicht haben, sondern altes *Hūs* bewahren, empfanden auch jenen Unterscheidungsdrang nicht und ließen ihr schriftsprachliches *ü* gelegentlich stehen, da es ja doch dort überhaupt kein *ü*, sondern nur entrundete *i* gebe. Aus der verschiedenen Wiedergabe im Westen und Osten des Rheins also lautliche Schlüsse für *müde* selbst zu ziehen, war voreilig. Trotzdem weist diese Wiedergabe auf einen mundartlichen Unterschied hin, aber er gilt nicht für *müde*, sondern — und darin lag die Schwierigkeit einer richtigen Beurteilung — für das mit *müde* gar nicht in Beziehung stehende *ū* in *Hūs* u. ä.

M. H., diese Ausführungen sollten darauf aufmerksam machen, welche Bedenken es haben muss, dem Sprachatlas auf Grund einzelner Schreibungen den Vorwurf der Uncorrectheit oder Unzuverlässigkeit zu machen. Es ist außerordentlich billig, behaupten zu wollen: so und so viele thüringische Übersetzungen zeigen *pf* in *Pfeffer, Pfund* u. s. w., ohne dass ihre Mundart solch *pf* kennt, folglich sind sie unbrauchbar! oder die Pfälzer Formulare bei Cleve überliefern das Präfix *ke-*, was ganz dialektwidrig ist! oder so und so viele Schwarzwälder schreiben in *müde* u. ä. Formen falsches *ü* statt des tatsächlichen *i*! u. s. w. Derartige Vorwürfe und Zweifel sprechen vielmehr — und das wollte ich zeigen — weniger für die Oberflächlichkeit unserer Gewährsmänner als für die des Interpretators!

Freilich die **richtige** Interpretation ist schwierig, die gegebenen Beispiele hierfür sind nur einzeln herausgegriffen, ließen sich leicht verzehnfachen. Wenn nun die fertigen Karten in Berlin auf der Königlichen Bibliothek zur allgemeinen Benutzung deponiert werden, damit es nicht gar zu sehr den Anschein habe, als ob wir ganz hinter verschlossenen Türen arbeiteten, so werden Sie doch jetzt begreifen, m. H., dass wir gegenüber einer freien Benutzung der Karten durch jedermann und den daraus etwa zu erwartenden Resultaten gewisse Scrupel nicht unterdrücken können, dass eine solche Benutzung in erster Linie vielmehr denen überlassen werden sollte, die in der jahrzehntelangen mühsamen Herstellung der Karten sich die dazu gehörige Vertrautheit mit dem gesamten Atlasmaterial und -mechanismus erworben haben.

Das folgt nicht nur aus der geschilderten Schwierigkeit einer exacten Interpretation der Einzelkarten, sondern ebenso aus der nicht geringeren Schwierigkeit einer richtigen Combination mehrerer Einzelkarten. Wenn Sie sich die Lautverschiebungslinien auf den vorliegenden Blättern, z. B. auf der öfter erwähnten 'beißen'-Karte die zwischen niederdeutschem *t* und hochdeutschem *ß*, betrachten, so wird ihr schöner gleichmäßiger Verlauf die Versuchung sehr nahe legen, in ihr die hochdeutsch-niederdeutsche Grenze überhaupt oder wenigstens die allgemeine *t/ß*-Linie zu sehen. Nun, m. H., diese Versuchung ist trotzdem, hoffe ich, nach den verschiedenen Betonungen von unserer Seite ein überwundener Standpunkt. Aber das will ich hervorheben, dass es bei uns selbst Jahre gedauert hat, bis wir uns zu dieser Anschauung als zu der von einer unangreifbaren Tatsache durchgerungen hatten, und dass wir an uns selbst in vollstem Maße erfahren haben, wie der Philologe in gewissen schematischen und systematischen Vorurteilen befangen ist, die eine volle Wirkung concreter Einzelanschauungen, wie sie jetzt durch den Sprachatlas gewährt werden, erst ganz allmählich gestatten.

Es giebt keine einheitliche, das ganze deutsche Sprachgebiet durchziehende Lautverschiebungslinie, es giebt nur Linien für die einzelnen Paradigmen, so hier für *beißen*; ja es ist nicht über jeden Zweifel erhaben, ob nicht das einzelne Paradigma je nach der verschiedenen Stellung und Betonung im Satze wieder Abweichungen zeige. Damit hängt die für mich ebenso bestimmte These zusammen, dass die Lautverschiebung von Hause aus mit der Unterscheidung der einzelnen deutschen Stämme gegen einander absolut nichts zu tun hat, dass Stammesunterschiede und Lautverschiebungsunterschiede vielmehr völlig heterogen, namentlich auch von ganz verschiednem Alter sind. Wir müssen uns immer bewusst bleiben, dass die hochdeutsche Lautverschiebung lediglich deshalb von jeher der deutschen Dialekteinteilung zu Grunde gelegt wurde, weil sie zufällig das älteste für uns erkennbare und fixierbare Criterium abgiebt, und dass auf diese Einteilung dann auch die Terminologie der politischen Geographie übertragen werden mag nur aus Bequemlichkeitsgründen oder wegen ungefährer, teilweiser Ähnlichkeit. Ich brauche ja nur — von andern Beispielen abgesehen — daran zu erinnern, dass die hiesige Gegend, der Niederrhein, das alte fränkische Kernland von den Lautverschiebungslinien quer durchschnitten wird; ja wenn es von diesen wie durch die verschiednen Strahlen eines Fächers durchkreuzt wird, welcher dieser Strahlen hat dann a priori das Recht als ethnologische, als Stammesgrenze betrachtet zu werden?

Eine schöne Parallele, wie ein derartiger Lautwandel sich an keine politischen oder stammheitlichen Grenzen kehrt, haben wir in der neuhochdeutschen Diphthongierung, von deren heutigem Stande wieder die *'beißen'*-Karte ein Bild giebt. Dass man sich gehütet hat, in ihren Grenzlinien ebenso Stammesscheiden wiederzuerkennen wie in jenen Verschiebungslinien, hat nur den zufälligen Grund, dass die Diphthongierung ein halbes Jahrtausend jünger ist als die Lautverschiebung. Wie aber die Diphthongierung, im zwölften Jahrhundert schon in österreichischen Landen nachweisbar, Jahrhunderte gebraucht hat, um ihre heutige Begrenzung zu erreichen, so jedenfalls auch die Lautverschiebung. Ihre Scheiden blicken daher in verschiednen Gegenden auf ein verschiednes Alter zurück, und die durch sie gewonnene Mundartenabgrenzung gilt erst von dem Zeitpunkte ihres Abschlusses ab, d. h. von einem Zeitpunkte, der Jahrhunderte später liegt als die Consolidierung und gegenseitige Abgrenzung der deutschen Stämme. Daraus ergiebt sich also die dringende **Warnung**, aus den Dialektgrenzen, so wie die wissenschaftliche Praxis sie construiert hat, Rückschlüsse zu machen auf alte historische Grenzen, eine Warnung, gegen die — nomina sunt odiosa — so häufig gesündigt worden ist. Dass es jemals gelingen werde, an Stelle der hiermit für ethnologische Schlüsse versagenden Lautverschiebung ein älteres und ursprünglicher Stammesunterscheidung näher stehendes Criterium zu gewinnen, ist nicht zu hoffen. Namentlich versagt hier auch der provinzielle Wortschatz, den der nun auch dahingegangene, um die Mundartenforschung verdiente Ludwig Tobler der Dialektgeographie zu Grunde legen wollte. Wenn daher auch die Wissenschaft nach wie vor die Grundeinteilung der Mundarten auf die Lautverschiebung aufbauen und dafür nach wie vor die Terminologie von der Stammesgeographie hernehmen wird, so geschieht das, wie gesagt, nur teils aus wissenschaftlicher Tradition, teils wegen ganz ungefährer Ähnlichkeit. Wirklich correct aber ist schon im Jahre 1821 Schmeller verfahren, der in der Tat vollkommen voraussetzungslos an die Beobachtung der Mundarten des Königreichs Bayern herantrat und auf jede Terminologie nach Stämmen verzichtete.

M. H., diese Anschauungen sind natürlich, wie ich sehr wol weiß, durchaus nicht neu. Aber die Sicherheit, mit der wir sie heute vertreten können, verdanken wir erst der jahrelangen intensiven Beschäftigung mit dem Sprachatlas, d. h. nicht einer einzelnen seiner Karten, sondern der richtigen Combination möglichst vieler von ihnen.

Sehen wir uns nun diese für Verallgemeinerungen so verführerischen Verschiebungs- oder Diphthongierungsgrenzen der vorliegenden Blätter etwas genauer an, so lasse ich die Gelegenheit nicht vorübergehen, von neuem auf den großen Unterschied von Westen und Osten des deutschen Sprachgebietes, von altem Stammlande und jüngerem Colonistenboden, aufmerksam zu machen: z. B. wieder auf der '*beißen*'-Karte dort so gut wie keine Ausnahme mit Verschiebung oder Diphthongierung auf niederdeutscher Seite der Grenze, hier überall längs dieser von der Elbe bis zur Oder Orte, namentlich Städte und Städtchen, mit hochdeutscher Form. An fehlerhafte Ausfüllung dieser Formulare ist dabei nicht zu denken; denn weshalb sollten solche Fehler sich grade hier so zusammendrängen, in allen andern Gebieten fehlen? An höhere Bildung und daher größere Bevorzugung der Schriftsprache wird nur der denken dürfen, der Zerbst und Luckenwalde und Neuruppin ein höheres Bildungsniveau zuweisen zu können meint als Kassel und Göttingen und Köln, wo die Übersetzer ganz dialektreine Formulare ausgefüllt haben. Der Grund ist natürlich der wiederholt betonte, dass der colonisierte Osten weniger widerstandsfähig gegen alle von außen andringenden Einflüsse ist als der Westen.

Dabei braucht es sich durchaus nicht nur um das Andringen schriftsprachlicher Bildungsformen zu handeln, wie allerdings wol in den erwähnten ostelbischen Städten der Fall ist. Vielmehr ist die hochdeutsch-niederdeutsche Grenze dort rechts der Elbe überhaupt sehr im Wanken, die südlichen mitteldeutschen Mundarten gewinnen den nördlichen niederdeutschen immer mehr an Boden ab. Dass dabei die Schriftsprache nicht unmittelbar im Spiele zu sein braucht, ersehen Sie aus einem Paar höchst instructiver Districte auf unserer Karte: zwischen dem niederdeutschen *biten* und dem südlichen *beißen* vermittelt einmal an der Schwarzen Elster ein Bezirk mit der Form *bißen*, also mit niederdeutschem Vocal und hochdeutschem Consonanten, anderseits an Oder und Warthe kleine Dialektstreifen mit der Form *beiten,* also mit hochdeutschem Vocal und niederdeutschem Consonanten. Man komme zur Erklärung dieser allmählich sich dort vollziehenden Umwälzung in der Sprache nicht mit dem Deus ex machina des Verkehrs, denke nicht an die unwiderstehliche Anziehungskraft der Berliner Metropole u. dgl. m.: eine Form wie *beiten* spricht schlagend dagegen. Der Verkehr, dem eine secundäre und sehr relative Rolle im Sprachleben nicht abgestritten werden soll, hat in letzter Zeit als erstes sprachliches Förderungsmittel nur zu oft herhalten müssen, wo rein linguistische Erklärung versagt. Aber wer wollte behaupten, dass der Verkehr hier am Rhein weniger intensiv wäre als dort an Spree und Oder? Und doch zeigt sich hier eine solche angebliche Verkehrseinwirkung auch nicht entfernt in ähnlichem Grade wie dort im Osten. Nein, der Grund liegt allein in dem erwähnten Cardinalunterschied von Westen und Osten, von Stammland und Colonie, von alter und junger Besiedlung. Ich führe ihn hier nicht weiter aus. Aber nach einer Richtung hin darf ich seine Consequenzen von neuem andeuten.

Es ist Wilhelm Scherer gewesen, der in seinem in vielen Einzelheiten heute überholten, in der Größe seiner Grundideen immer gleich bewundernswerten Buche 'Zur Geschichte der deutschen Sprache' nicht mehr von Entwicklung und Verfall, sondern nur von Entwicklung, nur von Geschichte der Sprache sprechen wollte, und auch die Junggrammatiker haben solcher entschiedenen Ablehnung jedes Grad- und Wertunterschiedes zwischen älteren und neueren Sprachvorgängen immer in vollem Umfange beigepflichtet. Diese Grundauffassung wird ihr glänzendstes Resultat erleben, wenn Sprachleben und Sprachgeschichte, wie wir sie östlich der Elbe durch die letzten Jahrhunderte hindurch, also in naher, greifbarer, urkundlich zu fixierender Vergangenheit beobachten können, ihren Reflex auf die um tausend Jahre ältere Sprachentwicklung des Westens werfen. Hier eröffnet sich eins der verlockendsten Probleme, und zu seiner Lösung wird der Sprachatlas das Allerwesentlichste beitragen.

Diese Abhängigkeit der Sprachgeschichte von der **Besiedlungsgeschichte** schimmert selbst heute im alten deutschen Westen, dessen dialektische Nivellierung sonst um rund ein Jahrtausend der des Ostens vorausliegt, vielfach noch durch. Ein kleines, aus der Karte heraus besonders lehrreiches Beispiel darf ich hier zum Schluss noch erwähnen. Die dialektische Ausbreitung des *pf*, des anlautenden (in *Pfund, Pfeffer* u. ä.) und des inlautenden (*Apfel*), ist im Westen ziemlich gleichmäßig. Immerhin giebt es Ausweichungen, größere und kleinere, und z. B. zwischen Rhein und Spessart ist der Verlauf der Einzelgrenzen wenig einheitlich, wie die Combination der betreffenden Atlasblätter ergiebt. Die Erklärung hierfür fand sich, als ich im Interesse des Sprachatlas daran ging, die Spruner-Menkeschen Gaukarten mit allen ihren alten Orten auf unsern Maßstab zu übertragen. Innerhalb der Grenzzone nämlich, die durch die verschiedenen Einzellinien der *pf*-Paradigmen gebildet wird, also innerhalb der Grenzzone, in welcher heute *p* und *pf* nebeneinander herrschen, lag von den alten Orten bei Spruner-Menke nur ein einziger, nämlich Amorbach — ein einsames Kloster und als solches jedenfalls dialektgemischt. Alle die andern heute innerhalb jener Mischzone liegenden Ortschaften fehlen auf jener alten Karte noch, es sind also jüngere, von beiden Seiten herstammende Siedlungen. Für die alten Orte würden daher die Linien der einzelnen *pf*-Paradigmen zu einer einheitlichen Grenze zusammenfallen, für die jüngeren Orte divergieren sie: und so erklärt sich eine heutige auffällige dialektische Unregelmäßigkeit aufs schönste aus der Besiedlungsgeschichte ihres Gebietes. Solche und ähnliche Resultate sind allerorten zu erhoffen, wo diese Besiedlungsgeschichte Hand in Hand geht mit Sprachstatistik oder — nennen wir es beim rechten Namen — mit der Bearbeitung unseres Sprachatlas. Niemand erwartet deshalb die von Prof. v. Thudichum in Aussicht gestellten historisch-statistischen Grundkarten sehnsüchtiger als wir.

Mit einer derartigen **höheren Bearbeitung des Sprachatlas** aber wird es drängende Zeit. Wir häufen in Berlin von Semester zu Semester fertige Sprachatlaskarten an, jedoch dieser Schatz, das Resultat langjähriger mühsamer Arbeit, liegt dort wie ein totes Capital. Ja wenn diese Art einer in erster Linie mechanischen Kartenherstellung noch länger so fortgehen soll ohne sofortige weitere Bearbeitung im höheren Sinne, dann tritt selbst an uns eingeweihte Mitarbeiter die bedenkliche Gefahr heran, den Überblick über das Ganze zu verlieren. Und deshalb kann die Forderung nicht länger zurückgedrängt werden, dass fortan mit der technischen Weiterführung des Atlas seine wissenschaftliche Verwertung Hand in Hand gehe. Die Andeutungen unserer beiden Vorträge hier auf dem Philologentage, ebenso die Kleinigkeiten, die ich im Anschluss an die Atlasarbeit früher veröffentlichen durfte, es sind nur schwache Ausblicke in ein Land, in welches wir persönlich einziehen müssen, um es wirklich nutzbar machen zu können im Interesse unserer Wissenschaft von der deutschen Nationalität. Einer verehrten Section aber würden wir zu größtem Danke verpflichtet sein, wenn wir bei solchen Erweiterungsplänen des Atlasbetriebes uns auf ihr wertvolles Urteil stützen dürften.